Autores varios

Constitución de La Gran Colombia de 1821

Barcelona **2024**
Linkgua-ediciones.com

Créditos

Título original: Constitución fundacional de la gran Colombia.

© 2024, Red ediciones S.L.

e-mail: info@linkgua.com

Diseño de cubierta: Michel Mallard.

ISBN rústica: 978-84-9816-134-2.
ISBN ebook: 978-84-9897-608-3.

Sumario

Constitución de la Gran Colombia de 1821

30 de agosto de 1821

En el nombre de Dios, Autor y Legislador del Universo.

Nos los representantes de los pueblos de Colombia, reunidos en Congreso general, cumpliendo con los deseos de nuestros comitentes en orden a fijar las reglas fundamentales de su unión y establecer una forma de Gobierno que les afiance los bienes de su libertad, seguridad, propiedad e igualdad, cuanto es dado a una nación que comienza su carrera política y que todavía lucha por su independencia, ordenamos y acordamos la siguiente Constitución.

Título I. De la Nación colombiana y de los colombianos

Sección primera. De la Nación colombiana

Artículo 1. La nación colombiana es para siempre e irrevocablemente libre e independiente de la monarquía española y de cualquier otra potencia o dominación extranjera; y no es, ni será nunca patrimonio de ninguna familia ni persona.

Artículo 2. La soberanía reside esencialmente en la nación. Los magistrados y oficiales del Gobierno, investidos de cualquiera especie de autoridad, son sus agentes o comisarios, y responden a ella de su conducta pública.

Artículo 3. Es un deber de la nación proteger por leyes sabias y equitativas la libertad, la seguridad, la propiedad y la igualdad de todos los colombianos.

Sección segunda. De los colombianos

Artículo 4. Son colombianos:

1. Todos los hombres libres nacidos en el territorio de Colombia, y los hijos de éstos;

2. Los que estaban radicados en Colombia al tiempo de su transformación política, con tal que permanezcan fieles a la causa de la Independencia;

3. Los no nacidos en Colombia que obtengan carta de naturaleza.

Artículo 5. Son deberes de cada colombiano vivir sometido a la Constitución y a las leyes; respetar y obedecer a las autoridades, que son sus órganos; contribuir a los gastos públicos, y estar pronto en todo tiempo a servir y defender la patria haciéndole el sacrificio de sus bienes y de su vida, si fuere necesario.

Título II. Del territorio de Colombia y de su Gobierno

Sección primera. Del territorio de Colombia

Artículo 6. El territorio de Colombia es el mismo que comprendía el antiguo Virreinato de Nueva Granada y de la Capitanía General de Venezuela.

Artículo 7. Los pueblos de la extensión expresada que están aún bajo el yugo español, en cualquier tiempo en que se liberen, harán parte de la República, con derechos y representación iguales a todos los demás que la componen.

Artículo 8. El territorio de la República será dividido en Departamentos, los Departamentos en Provincias, las Provincias en Cantones, y los Cantones en Parroquias.

Sección segunda. Del Gobierno de Colombia

Artículo 9. El Gobierno de Colombia es popular representativo.

Artículo 10. El pueblo no ejercerá por sí mismo otras atribuciones de la soberanía que la de las elecciones primarias, ni depositará el ejercicio de ella en unas solas manos. El Poder Supremo estará dividido para su administración en Legislativo, Ejecutivo y Judicial.

Artículo 11. El poder de dar leyes corresponde al Congreso; el de hacer que se ejecuten, al Presidente de la República, y el de aplicarlas en las causas civiles y criminales, a los tribunales y juzgados.

Título III. De las asambleas parroquiales y electorales

Sección primera. De las asambleas parroquiales y escrutinio de sus elecciones

Artículo 12. En cada Parroquia, cualquiera que sea su población, habrá una Asamblea Parroquial el último domingo de julio de cada cuatro años.

Artículo 13. La Asamblea Parroquial se compondrá de los sufragantes parroquiales no suspensos, vecinos de cada parroquia, y será presidida por el Juez o los jueces de ella, con asistencia de cuatro testigos de buen crédito, en quienes concurran las cualidades de sufragante parroquial.

Artículo 14. Los jueces sin necesidad de esperar ningunas órdenes, deberán convocarla indispensablemente en dichos periodos para el día señalado en esta Constitución.

Artículo 15. Para ser sufragante parroquial se necesita:

1. Ser colombiano;

2. Ser casado o mayor de veintiún años;

3. Saber leer y escribir; pero esta condición no tendrá lugar hasta el año de 1840;

4. Ser dueño de alguna propiedad raíz que alcance al valor libre cien pesos. Suplirá este defecto el ejercitar algún oficio, profesión, comercio o industria útil, con casa o taller abierto sin dependencia de otro en clase de jornalero o sirviente.

Artículo 16. La calidad de sufragante parroquial se pierde:

1. Por admitir empleo de otro gobierno sin licencia del Congreso, teniéndolo con renta o ejerciendo otra confianza en el de Colombia;

2. Por sentencia en que se impongan penas aflictivas o infamantes, si no se obtiene rehabilitación;

3. Por haber vendido su sufragio o comprado el de otro para sí o para un tercero, bien sea en Asambleas Primarias, en las Electorales o en otras.

Artículo 17. El ejercicio de sufragante parroquial se suspende:

1. En los locos, furiosos o dementes;

2. En los deudores fallidos y en los vagos declarados como tales;

3. En los que tengan causa criminal abierta, hasta que sean declarados absueltos, o condenados a pena no aflictiva ni infamatoria;

4. En los deudores a caudales públicos con plazo cumplido.

Artículo 18. El objeto de las Asambleas Parroquiales es votar por el elector o electores que corresponden al Cantón.

Artículo 19. La Provincia a quien corresponda un solo representante nombrará diez electores, distribuyendo su nombramiento entre los Cantones que tenga, con proporción a la población de cada uno.

Artículo 20. La Provincia que deba nombrar dos o más representantes tendrá tantos electores cuantos correspondan a los Cantones de que se compone, debiendo elegir cada Cantón un elector por cada cuatro mil almas, y otro más por un residuo de tres mil. Todo Cantón, aunque no alcance a aquel número, tendrá siempre un elector.

Artículo 21. Para ser elector se requiere:

1. Ser sufragante no suspenso;

2. Saber leer y escribir;

3. Ser mayor de veinticinco años cumplidos y vecino de cualquiera de las Parroquias del Cantón que va haber las elecciones;

4. Ser dueño de una propiedad raíz que alcance el valor libre de quinientos pesos, o gozar de un empleo de trescientos pesos de renta anual, o ser usufructuario de bienes que produzcan una renta de trescientos pesos anuales, o profesar alguna ciencia o tener un grado científico.

Artículo 22. Cada sufragante parroquial votará por el elector o electores del Cantón, expresando públicamente los nombres de otros tantos ciudadanos vecinos del mismo Cantón, los cuales serán indispensablemente asentados en su presencia en un registro destinado a este solo fin.

Artículo 23. Las dudas o controversias que hubiere sobre las cualidades o formas en los sufragios parroquiales, y las que se susciten sobre cohecho o soborno, se decidirán por los jueces y testigos asociados, y su resolución se llevará a efecto por entonces; pero quedando salva la reclamación al Cabildo del Cantón.

Artículo 24. Las elecciones serán públicas, y ninguno podrá presentarse armado a ellas.

Artículo 25. Las elecciones estarán abiertas por el término de ocho días, concluido el cual la Asamblea queda disuelta; y cualquiera otro más allá de lo que previene la Constitución o la ley, no solamente es nulo, sino atentado contra la seguridad pública.

Artículo 26. Apenas esté concluido el acto de las elecciones, el Juez o los jueces que hayan presidido la Asamblea remitirán al Cabildo el registro de las celebradas en su Parroquia, en pliego cerrado y sellado.

Artículo 27. Luego que estén recogidos los pliegos de las Asambleas Parroquiales, el Cabildo del Cantón, presidido por alguno de los Alcaldes ordinarios, y en su defecto, por uno de los Regidores, se reunirá en sesión pública. En su presencia serán abiertos los pliegos de las Asambleas Parroquiales, y se irán formando listas y cotejos de todos los votos, asentándolos en un registro.

Artículo 28. Los ciudadanos que resulten con el mayor número de votos se declararán constitucionalmente nombrados para electores. Cuando ocurriere alguna duda por igualdad de sufragios se decidirá por suerte.

Artículo 29. El Cabildo del Cantón remitirá al de la capital de la provincia el resultado del escrutinio que ha verificado, y dará también pronto aviso a los nombrados, para que concurran a la capital de la Provincia en el día prevenido por la Constitución.

Sección segunda. De las asambleas electorales o de Provincia

Artículo 30. La Asamblea Electoral se compone de los electores nombrados por los Cantones.

Artículo 31. El día primero de octubre de cada cuatro años se reunirá la Asamblea Electoral en la capital de la Provincia, y procederá a hacer todas las elecciones que correspondan, estando presente por lo menos las dos terceras partes de los electores. Presidirá su reunión el Cabildo de la capital mientras la

Asamblea elige un Presidente de entre sus miembros, que será el que obtenga el mayor número de votos.

Artículo 32. Los **Artículos** 24 y 25 son comunes a las Asambleas Electorales.

Artículo 33. El cargo de elector durará por cuatro años. Las vacantes se llenarán, cuando sea necesario, por los que sigan en votos.

Artículo 34. Son funciones de las Asambleas Electorales sufragar:

1. Por el Presidente de la República;

2. Por el Vicepresidente de la República;

3. Por los Senadores del Departamento;

4. Por el representante o los representantes Diputados de la Provincia.

Artículo 35. Los votos de estas cuatro clases de elecciones se asentarán en cuatro registros diversos, y la misma Asamblea Electoral procederá a hacer el escrutinio de la última.

Artículo 36. Para ser representante de una Provincia se requiere haber obtenido la pluralidad absoluta; esto es, un voto más sobre la mitad de todos los de los electores que han asistido a la elección.

Artículo 37. Los representantes serán nombrados de uno en uno en sesión permanente, y se declararán elegidos los que obtengan la indicada mayoría. Si ninguno la hubiere alcanzado, los dos que hayan tenido el mayor número entrarán en segundo escrutinio, y será representante el que reúna pluralidad. Los casos de igualdad se decidirán por la suerte.

Artículo 38. Perfeccionada de esta manera las elecciones del representante o los representantes, el Presidente de la Asamblea Electoral avisará sin demora alguna a los nombrados, para que asistan a la próxima reunión; y los registros se remitirán en pliego cerrado y sellado a la Cámara de Representantes.

Artículo 39. Con igual formalidad y sin hacer escrutinio serán remitidos al Cabildo de la capital del Departamento los registros de las votaciones para Presidente de la República, para Vicepresidente de la misma y para Senadores, a fin de que luego que se hayan reunido allí los pliegos de todas las Asambleas Provinciales, los dirija oportunamente a la Cámara del Senado, para que tenga lugar lo prevenido en la **Sección** 5 del Título IV.

Título IV. Del Poder Legislativo

Sección primera. De la división, límites y funciones de este poder

Artículo 40. El Congreso de Colombia estará dividido en dos Cámaras, que serán la del Senado y la de Representantes.

Artículo 41. En cualquiera de las dos podrán tener origen las leyes; y cada una respectivamente podrá proponer a la otra reparos, alteraciones o adiciones para que los examine; o rehusar a la ley propuesta su consentimiento por una negativa absoluta.

Artículo 42. Se exceptúan las leyes sobre contribuciones o impuestos, las cuales no pueden tener origen sino en la Cámara de Representantes; pero quedando al Senado el derecho ordinario de adicionarlas, alterarlas o rehusarlas.

Artículo 43. Los proyectos o las proposiciones de ley que fuesen aceptados conforme a las reglas de debate sufrirán tres discusiones en sesiones distintas, con el intervalo de un día, cuando menos, entre una y otras; sin cuyo requisito no se podrán determinar.

Artículo 44. En el caso de que la proposición sea urgente, podrá dispensarse esta última formalidad, precediendo una discusión y declaración de la urgencia en la misma Cámara donde tenga su principio. Esta declaración y las razones que la motivaron se pasarán a la otra Cámara, junto con el proyecto de ley para que sea examinado. Si esta Cámara no cree justa la urgencia, devuelve el proyecto para que se delibere con las formalidades legales.

Artículo 45. Ningún proyecto o proposición de ley rechazado por una Cámara podrá ser presentado de nuevo hasta la sesión del año siguiente; pero esto no impedirá que alguno de los artículos compongan parte de otras proposiciones no rechazadas.

Artículo 46. Ningún proyecto a proposición de ley constitucionalmente aceptado, discutido y determinado en ambas Cámaras podrá tenerse por ley de la República hasta que no ha sido firmado por el Poder Ejecutivo. Si éste no creyere conveniente hacerlo, devolverá el proyecto a la Cámara de origen acompañándole sus reparos, sea sobre falta en las fórmulas, o en lo sustancial, dentro del término de diez días contados de su recibo.

Artículo 47. Los reparos presentados por el Poder Ejecutivo se asientan en el registro de las sesiones de la Cámara donde tuvo la ley su origen. Si no queda ésta satisfecha, discute de nuevo la materia, y resultando segunda vez aprobada por una mayoría de las dos terceras partes de los miembros presentes, la pasa con los reparos a la otra Cámara. El proyecto tendrá fuerza de ley, y deberá ser firmado por el Poder Ejecutivo, siempre que en esta otra Cámara lo aprueben también las dos terceras partes de los miembros presentes.

Artículo 48. Si pasados los diez días que señala el **Artículo** 46 no hubiere sido devuelto el proyecto con las objeciones, tendrá fuerza de ley y será promulgado como tal; a menos que, corriendo este término, el Congreso se haya suspendido o puesto en receso; en cuyo caso deberán presentársele las objeciones en la primera de la próxima sesión.

Artículo 49. La sanción del Poder Ejecutivo es también necesaria para que tengan fuerza las demás resoluciones, los decretos, estatutos y actos legislativos de las Cámaras; exceptuando los que sean de suspensión y aplazamiento de sus sesiones; los decretos en que pidan informes o den comisiones en los negocios de su incumbencia las elecciones que les correspondan; los juicios sobre calificación de sus miembros; las órdenes para llenar alguna vacante en las Cámaras; las reglas de sus debates y la policía interior; el castigo de sus miembros y de cuantos les falten al debido respeto, cualesquiera otros actos en que no sea necesaria la concurrencia de ambas.

Artículo 50. Las proposiciones que hayan pasado como urgentes en las dos Cámaras serán sancionadas o devueltas por el Poder Ejecutivo dentro de dos días, sin mezclarse la urgencia.

Artículo 51. Al pasarse las deliberaciones de una Cámara a otra y al Poder Ejecutivo, se exceptuarán los días en que se discutió la materia, la fecha de las respectivas resoluciones, inclusa la de urgencia cuando la haya, y la exposición de las razones y los fundamentos que las hayan motivado. Cuando se omita algunos de estos requisitos deberá devolverse el acto dentro de dos días a la Cámara donde se note la omisión, o a la de origen, si hubiere ocurrido en ambas.

Artículo 52. Siempre que una ley haya de pasarse al Poder Ejecutivo para su sanción, se extenderá por duplicado en forma correspondiente, y se leerá en las dos Cámaras. Ambos originales serán firmados por sus respectivos Presidentes y Secretarios, y se presentarán luego al Presidente de la República por una diputación.

Artículo 53. Sancionada u objetada la ley por el Presidente de la República, con arreglo al **Artículo 46**, devolverá a las Cámaras, con el Secretario del Despacho respectivo, uno de los dos originales con su decreto para que se dé cuenta en ellas. Este original se conservará en el archivo de la Cámara donde la ley tuvo su origen.

Artículo 54. Para la promulgación de la ley se usará siempre de esta fórmula: El Senado y la Cámara de Representantes de la República de Colombia, reunidos en Congreso, etc., decretan:

Sección segunda. De las atribuciones especiales del Congreso

Artículo 55. Son atribuciones exclusivamente propias del Congreso:

1. Fijar cada año los gastos públicos en vista de los presupuestos que le presenta el Poder Ejecutivo;

2. Decretar lo conveniente para la administración, conservación y enajenación de los bienes nacionales;

3. Establecer toda suerte de impuestos, derechos o contribuciones; velar sobre su inversión, y tomar cuenta de ella al Poder Ejecutivo y demás empleados de la República;

4. Contraer deudas sobre el crédito de Colombia;

5. Establecer un Banco Nacional;

6. Determinar y uniformar el valor, peso, tipo y nombre de la moneda;

7. Fijar y uniformar los pesos y medidas;

8. Crear las Cortes de Justicia, y los juzgados inferiores de la República;

9. Decretar la creación o supresión de los empleos públicos, y señalarles sueldos, disminuirlos o aumentarlos;

10. Establecer reglas de naturalización;

11. Conceder premios y recompensas personales a los que hayan hecho grandes servicios a Colombia;

12. Decretar honores públicos a la memoria de los grandes hombres;

13. Decretar la conscripción y organización de los ejércitos, determinar su fuerza en paz y guerra y señalar el tiempo que deba existir;

14. Decretar la construcción y equipamiento de la marina, aumentarla o disminuirla;

15. Formar las ordenanzas que deben regir las fuerzas en mar y tierra;

16. Decretar la guerra en vista de los datos que le presente el Poder Ejecutivo;

17. Requerir al Poder Ejecutivo para que negocie la paz;

18. Prestar su consentimiento y aprobación a los tratados de paz, alianza, de amistad, de comercio, de neutralidad y cualesquiera otros que celebre el Poder Ejecutivo;

19. Promover por leyes la educación pública y el progreso de las ciencias, las artes y los establecimientos útiles, y conceder por tiempo limitado derechos exclusivos para su estímulo y fomento;

20. Conceder indultos generales cuando lo exija algún grande motivo de conveniencia pública;

21. Elegir la ciudad que deba servir de residencia al Gobierno, y variarla cuando lo juzgue conveniente;

22. Fijar los límites de los Departamentos, las Provincias y demás divisiones del territorio de Colombia, como sea más conveniente para su mejor administración;

23. Permitir o no el paso de tropas de otro Estado por el territorio de Colombia;

24. Permitir o no la estación de escuadras de otro Estado en los puertos de Colombia por más de un mes;

25. Conceder durante la presente guerra de independencia al Poder Ejecutivo aquellas facultades extraordinarias que se juzguen indispensables en los lugares que inmediatamente están sirviendo de teatro a las operaciones militares, y en los recién libertados del enemigo; pero detallándolas en cuanto sea posible, y circunscribiendo el tiempo, que solo será el muy necesario;

26. Decretar todas las demás leyes y ordenanzas, de cualquier naturaleza que sean, y alterar, reformar o derogar las establecidas. El Poder Ejecutivo solo podrá presentarle alguna materia para que la tome en consideración; pero nunca bajo la fórmula de ley.

Sección tercera. De las funciones económicas y prerrogativas comunes a ambas Cámaras y sus miembros

Artículo 56. Cada Cámara tiene el derecho de establecer los reglamentos que deba observar en sus sesiones, debates y deliberaciones. Conforme a ellos podrá castigar a cualquiera de sus miembros que los infrinja a que de otra manera se haga culpable, con las penas que establezca, hasta expelerlos de su seno y declararlos indignos de obtener otros oficios de confianza o de honor en la República, cuando así se decida por el voto unánime de los dos tercios de los miembros presentes.

Artículo 57. Ninguna de ellas podrá abrir sus sesiones sin la concurrencia de la pluralidad absoluta de sus miembros; pero en todo caso, el número existente, cualquiera que sea, deberá reunirse y compeler a los ausentes a que concurran, del modo y bajo las penas que las mismas Cámaras establezcan.

Artículo 58. Una vez abiertas las sesiones de cada año bastará la concurrencia de dos terceras partes de los miembros presentes para que continúen las sesiones; con tal de que estas dos terceras partes nunca sean menos de los dos tercios de la pluralidad absoluta.

Artículo 59. Las Cámaras en la casa de sus sesiones gozarán del derecho exclusivo de policía, y fuera de ella, en todo lo que conduzca al libre ejercicio de atribuciones. En uso de este derecho podrá castigar, o hacer que se castigue con las penas que hayan acordado, a todo el que le falte el debido respeto, o que amenace atentar contra el Cuerpo o contra la inmunidad de sus individuos, o que de cualquier otro modo desobedezca o embarace sus órdenes o deliberaciones.

Artículo 60. Las sesiones de ambas Cámaras serán públicas; pero podrán ser secretas cuando ellas lo crean necesario.

Artículo 61. El proceder de cada Cámara constará solemnemente en un registro diario en que se asienten sus debates y resoluciones, el cual se publicará de tiempo en tiempo, exceptuando aquellas cosas que deban reservarse, según el acuerdo de cada una; y siempre que lo reclame la quinta parte de los miembros presentes, deberán expresarse nominalmente los votos de sus individuos sobre toda moción o deliberación.

Artículo 62. Cada Cámara elige de entre sus miembros un Presidente y un Vicepresidente, cuyas funciones serán anuales desde una sesión ordinaria hasta otra, y nombrará de dentro o fuera de su seno un secretario. También nombrará los oficiales que juzgue necesarios para el desempeño de sus trabajos, asignando a estos empleados las correspondientes gratificaciones.

Artículo 63. Las comunicaciones entre las Cámaras y el Poder Ejecutivo, o entre sí mismas, se harán por el conducto de los respectivos Presidentes, o por medio de diputaciones.

Artículo 64. Los Senadores y Representantes tienen ese carácter por la nación y no por el Departamento o la Provincia que los nombra; ellos no pueden recibir órdenes ni instrucciones particulares de las Asambleas Electorales, que solo podrán presentarles peticiones.

Artículo 65. No podrán ser senadores ni representantes el Presidente y Vicepresidente de la República, los ministros de la Alta Corte de Justicia, los secretarios del Despacho, los Intendentes, los Gobernadores y los demás empleados públicos a quienes se prohiba por ley; los otros podrán serlo, con tal que se suspendan el personal ejercicio de sus empleos mientras duren las sesiones. Cuando un Senador o Representante sea nombrado para otro destino público, quedará a su elección admitirle o rehusarle.

Artículo 66. Los miembros del Congreso gozan de inmunidad en sus personas y en sus bienes durante las sesiones y mientras van ellas o vuelvan a sus casas; excepto en los casos de traición o de otro grave delito contra el orden social; y no son responsables por los discursos y opiniones que hayan manifestado en las Cámaras ante ninguna autoridad y en ningún tiempo.

Artículo 67. Los Senadores y Representantes obtendrían del Tesoro Nacional una indemnización determinada por ley, computándose el tiempo que deben haber invertido en venir de sus casas al lugar de reunión y volver a ellas concluidas las sesiones.

Sección cuarta. Del tiempo, duración y lugar de las sesiones del Congreso

Artículo 68. El Congreso se reunirá cada año precisamente, verificando la apertura de sus sesiones ordinarias el dos de enero.

Artículo 69. Cada reunión ordinaria del Congreso durará noventa días. En caso necesario podrá prorrogarla hasta por treinta días más.

Artículo 70. Las Cámaras residirán en una misma Parroquia; y mientras se hallen reunidas, ninguna podrá suspender sus sesiones por más de dos días, ni emplazarse para otro lugar distinto de aquel en que residieren, sin su mutuo consentimiento, pero si conviniendo en la traslación diferentes respecto a tiempo y lugar, el Poder Ejecutivo tendrá la intervención de fijar un término medio entre los extremos de la disputa.

Sección quinta. Del escrutinio y elecciones correspondientes al Congreso

Artículo 71. En los casos de elecciones se reunirá el Congreso en la Cámara del Senado; en su presencia se abrirán los pliegos de las elecciones del Presidente y Vicepresidente de la República y de los Senadores de los Departamentos, y se formarán listas de todos los sufragios de las Asambleas Electorales, asentándolos en el registro correspondiente a cada clase de elecciones. El escrutinio se hace públicamente por cuatro miembros del Congreso y los Secretarios.

Artículo 72. Para ser Presidente de la República se necesitan las dos terceras partes de los votos de los electores que concurrieron a las asambleas provinciales. Se declarará, pues, Presidente al que resulte con esta mayoría.

Artículo 73. Siempre que falte la mayoría indicada, el Congreso separa los tres que reúnan más sufragios, y procede a elegir uno entre ellos. El que obtuviere en esta elección los votos de las dos terceras partes de los miembros presentes será el Presidente de la República.

Artículo 74. Si hecho el escrutinio, ninguno resultare electo, el Congreso contrae la votación a los dos que han alcanzado mayor número de votos en el acto antecedente.

Artículo 75. La elección del Presidente se hará en una sola sesión, que será permanente.

Artículo 76. El Vicepresidente de la República será elegido con las mismas formalidades que el Presidente.

Artículo 77. El Congreso declarará senadores a los que hayan alcanzado la pluralidad absoluta de votos de los electores de cada departamento que concurrieran a la elección.

Artículo 78. Si no concurriere a favor de ninguno o algunos la mayoría indicada, el Congreso tomará un número igual o si no lo hubiere, aproximado al triple de los que falten entre los que tengan más votos. Hecha esta separación, procederá a elegir entre éstos, uno por uno, los que hayan de nombrarse. Cuando en el escrutinio no resulte elección, se repetirá el acto conforme al **Artículo** 74.

Artículo 79. En los casos de duda por causa de igualdad en materia de elecciones, la suerte decide.

Artículo 80. Cuando falte algún senador o representante por causa de muerte, renuncia, destitución u otra causa, se llenarán las vacantes por el Congreso, escogiendo uno entre los tres que en los registros de las asambleas electorales se sigan con el mayor número de votos: pero si en dichos registros no quedare este número, la respectiva Cámara expedirá órdenes para que se nombre otra persona de la manera prevenida en esta Constitución. La duración del así nombrado solo será hasta las próximas elecciones ordinarias.

Artículo 81. Si una misma persona fuere nombrada a la vez por el Departamento de su naturaleza y por el de su vecindad, o por la Provincia de su naturaleza y la de su vecindad, subsistirá el nombramiento por razón de la naturaleza.

Artículo 82. El Congreso pasará aviso a los que resulten nombrados en los destinos de Presidente, Vicepresidente y Senadores, para que ocurran a posesionarse en el día que se les asigne.

Artículo 83. En esta primera vez nombra el actual Congreso el Presidente, el Vicepresidente de la República y los Senadores.

Sección sexta. De la Cámara de Representantes

Artículo 84. La Cámara de Representantes se compone de diputados nombrados por todas las Provincias de la República, conforme a esta Constitución.

Artículo 85. Cada Provincia nombrará un Representante por cada treinta mil almas de su población; pero si calculada ésta, quedare un exceso de quince mil almas, tendrá un Representante más; y toda Provincia, cualquiera que sea su población, nombrará por lo menos un Representante. El actual Congreso señalará, por medio de un decreto, el número de representantes que deba nombrar cada Provincia, hasta tanto que se formen los censos de la población.

Artículo 86. Esta proporción de uno por treinta mil continuará siendo la regla de la Representación, hasta que el número de Representantes llegue al ciento; y aunque aumente la población, no se aumentará por eso el número, sino que se elevará la proporción hasta que corresponda a un Representante a cada cuarenta mil almas. En este estado continuará la proporción de uno por cuarenta mil, hasta que lleguen a ciento cincuenta los Representantes; y entonces, como en el caso anterior, se elevará la proporción a cincuenta mil por uno. En todos estos casos se nombrará un Representante más por un residuo que alcance a la mitad de la base.

Artículo 87. No podrá ser representante el que además de las cualidades de elector, no tenga:

1. La calidad de natural o vecino de la Provincia que lo elige;

2. Dos años de residencia en el territorio de la República inmediatamente antes de la elección. Este requisito no excluye a los ausentes en servicio de la República, o con permiso del Gobierno; ni a los prisioneros, desterrados o fugitivos del país por su amor o servicios a la causa de la Independencia;

3. Ser dueño de una propiedad raíz que alcance al valor libre de dos mil pesos, o tener una renta o usufructo de quinientos pesos anuales o ser profesor de alguna ciencia.

Artículo 88. Los no nacidos en Colombia necesitan para ser Representantes tener ocho años de residencia en la República y diez mil pesos en bienes raíces. Se exceptúan los nacidos en cualquier parte del territorio de América que en el año 1810 dependía de España y que no se ha unido a otra nación extranjera; a quienes bastará tener cuatro años de residencia y cinco mil pesos en bienes raíces.

Artículo 89. La Cámara de Representantes tiene el derecho exclusivo de acusar ante el Senado al Presidente de la República, al Vicepresidente y a los Ministros de la Alta Corte de Justicia, en todos los casos de una conducta manifiestamente contraria al bien de la República y a los deberes de sus empleos, o de delitos graves contra el orden social.

Artículo 90. Los demás empleados de Colombia están sujetos a la inspección de la Cámara de Representantes, y podrán acusarlos ante el Senado por el mal desempeño de sus funciones, u otros graves crímenes. Pero esta facultad no deroga ni disminuye la de otros jefes y tribunales para velar la observancia de las leyes, y juzgar, deponer y castigar según ellas a sus respectivos subalternos.

Artículo 91. El tiempo de las funciones de Representantes será de cuatro años.

Artículo 92. A la Cámara de Representantes corresponde la calificación de las elecciones y cualidades de sus respectivos miembros, su admisión y la resolución de las dudas que sobre esto pueda ocurrir.

Sección séptima. De la Cámara del Senado

Artículo 93. El Senado de Colombia se compone de los Senadores nombrados por los Departamentos de la República, conforme a esta Constitución. Cada departamento tendrá cuatro Senadores.

Artículo 94. El tiempo de las funciones de los Senadores será de ocho años. Pero los Senadores de cada Departamento serán divididos en dos clases: los de la primera quedarán vacantes al fin del cuarto año, y los de la segunda, al fin del octavo; de modo que cada cuatro años se haga la elección de la mitad de ellos. En esta vez la Cámara en su primera reunión sacará a la suerte los dos Senadores de cada Departamento cuyas funciones hayan de expirar al fin del primer período.

Artículo 95. Para ser Senador se necesita, además de las calidades de elector:

1. Treinta años de edad;

2. Ser natural o vecino del Departamento que hace la elección;

3. Tres años de residencia en el territorio de la República inmediatamente antes de la elección, con las excepciones del **Artículo** 87;

4. Ser dueño de una propiedad que alcance el valor libre de cuatro mil pesos en bienes raíces; o en su defecto, tener el usufructo o renta de quinientos pesos anuales, o ser profesor de alguna ciencia.

Artículo 96. Los no nacidos en Colombia no podrán ser Senadores sin tener doce años de residencia y dieciséis mil pesos en bienes raíces; se exceptúan los nacidos en cualquier parte del territorio de América que en el año de 1810 dependía de la España y que no se ha unido a otra nación extranjera; a quienes bastará tener seis años de residencia y ocho mil pesos en bienes raíces.

Artículo 97. Es una atribución especial del Senado ejercer el poder natural de una Corte de Justicia, para oír, juzgar y sentenciar a los empleados de la República acusados por la Cámara de Representantes en los caso de los artículos 89 y 90.

Artículo 98. En los casos en que el Senado hace las funciones de Corte de Justicia, la Cámara de Representantes escoge uno de sus miembros para que haga las veces de acusador, el cual procederá conforme a la órdenes e instrucciones que le comunique la Cámara.

Artículo 99. El Senado instruye el proceso por sí mismo o por comisión emanada de su seno, reservándose la sentencia, que la pronunciará él mismo.

Artículo 100. Siempre que una acusación propuesta ante el Senado es admitida por él, queda de hecho suspenso de su empleo el acusado, y la autoridad a quien corresponde provee la plaza interinamente.

Artículo 101. Nadie podrá ser condenado en estos juicios sin el voto unánime de las dos terceras partes de los senadores presentes.

Artículo 102. Las determinaciones del Senado en estos casos no podrán extenderse a otra cosa que deponer de su empleo al convencido y declararle incapaz de obtener otros honoríficos, lucrativos o de confianza en Colombia; pero el culpado quedará, sin embargo, sujeto a acusación, prueba, sentencia y castigo según la ley.

Artículo 103. En los casos en que el Senado lo juzgue conveniente, asistirá a sus juicios, para informar e instruir en el derecho, el Presidente de la Alta Corte de Justicia, o alguno de sus miembros.

Artículo 104. Los decretos, autos y sentencias que pronuncie el Senado en estos juicios deben ejecutarse sin la sanción de Poder Ejecutivo.

Título V. Del Poder Ejecutivo

Sección primera. De la naturaleza y duración de este poder

Artículo 105. El Poder Ejecutivo de la República estará depositado en una persona, con la denominación de Presidente de la República de Colombia.

Artículo 106. Para ser Presidente se necesita ser ciudadano de Colombia por nacimiento y todas las otras cualidades que para ser senador.

Artículo 107. La duración del Presidente será de cuatro años, y no podrá ser reelegido más de una sin intermisión.

Artículo 108. Habrá un Vicepresidente, que ejercerá las funciones de Presidente en caso de muerte, destitución, o renuncia, hasta que se nombre sucesor, que será en la próxima reunión de las Asambleas Electorales. También entrará en las mismas funciones por ausencia, enfermedad o cualquiera otra falta temporal del Presidente.

Artículo 109. El Vicepresidente de la República debe tener las mismas cualidades que el Presidente.

Artículo 110. El Presidente del Senado suple las faltas del Presidente y Vicepresidente de la República; pero cuando éstas sean absueltas, procederá inmediatamente a llenar las vacantes, conforme a esta Constitución.

Artículo 111. La duración del Presidente y Vicepresidente nombrados fuera de los períodos constitucionales solo será hasta la próxima reunión ordinaria de las asambleas constitucionales.

Artículo 112. El Presidente y Vicepresidente reciben por sus servicios los sueldos que la ley le señala, los cuales nunca serán aumentados ni disminuidos en su tiempo.

Sección segunda. De las funciones, deberes y prerrogativas del Presidente de la República

Artículo 113. El Presidente es Jefe de la Administración General de la República. La conservación del orden y de la tranquilidad en lo interior y de la seguridad en lo exterior le está especialmente cometida.

Artículo 114. Promulga, manda ejecutar y cumple las leyes, decretos, estatutos y actos del Congreso cuando conforme queda establecido por la **Sección** 1 del Título IV de esta Constitución, tengan fuerza de tales, y expide los decretos, los reglamentos y las instrucciones que sean convenientes para su ejecución.

Artículo 115. Convoca al Congreso en los períodos señalados por esta Constitución y en los demás casos extraordinarios en que lo exija la gravedad de alguna ocurrencia.

Artículo 116. Dicta todas las órdenes convenientes para que oportunamente se hagan las elecciones constitucionales.

Artículo 117. Tiene en toda la República el mando supremo de las fuerzas de mar y tierra, y está exclusivamente encargado de su dirección; pero no podrá mandarlas en persona sin previo acuerdo y consentimiento del Congreso.

Artículo 118. Cuando, conforme al **Artículo** anterior, el Presidente mande en persona las fuerza de la República, o alguna parte de ellas, las funciones del Poder Ejecutivo recaerán por el mismo hecho en el Vicepresidente.

Artículo 119. Declara la guerra en nombre de la República, después que el Congreso la haya decretado, y toma todas las medidas preparatorias.

Artículo 120. Celebra los tratados de paz, alianza, amistad, treguas, comercio, neutralidad y cualesquiera otros, con los príncipes, naciones o pueblos extranjeros; pero sin el consentimiento y aprobación del Congreso, no presta ni deniega su ratificación a los que estén ya concluidos por los plenipotenciarios.

Artículo 121. Con previo acuerdo y consentimiento del Senado, nombra toda especie de Ministros y agentes diplomáticos, y los oficiales militares desde Coronel inclusive arriba.

Artículo 122. En los recesos del Senado puede dar en comisión dichos empleos, cuando urgiere su nombramiento, hasta que en la próxima reunión ordinaria o extraordinaria del Senado sean provistos conforme al **Artículo** anterior.

Artículo 123. También le corresponde el nombramiento de los demás empleados civiles y militares que no reserve a otra autoridad la Constitución o la ley.

Artículo 124. Cuida de que la justicia se administre pronta y cumplidamente por los tribunales y juzgados de la República, y de que sus sentencias se cumplan.

Artículo 125. Puede suspender de sus destinos a los empleados ineptos o que delincan en razón de su oficio; pero avisará al mismo tiempo al tribunal que corresponda, acompañándole es expediente o los documentos que motivaron su procedimiento, para que siga el juicio con arreglo a las leyes.

Artículo 126. No puede privar a ningún individuo de su libertad, ni imponerle pena alguna. En caso de que el bien y la seguridad de la República exijan el arresto de alguna persona, podrá el Presidente expedir órdenes al efecto; pero con la condición de que dentro de cuarenta y ocho horas deberá hacerla entregar a disposición del tribunal o juez competente.

Artículo 127. En favor de la humanidad puede, cuando lo exija algún grave motivo, conmutar las penas capitales de acuerdo con los jueces que conozcan de la causa, bien sea a su propuesta o a la de aquéllos.

Artículo 128. En los casos de conmoción interior a mano armada que amenace la seguridad de la República, y en los de una invasión exterior repentina, puede, con previo acuerdo y consentimiento del Congreso, dictar todas aquellas medidas extraordinarias que sean indispensables y que no esté comprendidas en la esfera natural de sus atribuciones. Si el Congreso no estuviere reunido, tendrá la facultad por sí solo; pero le convocará sin la menor demora, para proceder conforme a sus acuerdos. Esta extraordinaria autorización será limitada únicamente a los lugares y tiempo indispensablemente necesarios.

Artículo 129. El Presidente de la República, al abrir el Congreso sus sesiones anuales, le dará cuenta en sus dos Cámaras del estado político y militar de la Nación; de sus rentas, gastos y recursos, y le indicará las mejoras y reformas que pueden hacerse en cada ramo.

Artículo 130. También dará a cada Cámara cuantos informes pida; pero reservándose aquellos cuya publicación no convenga por entonces, con tal que no sean contrarios a los que presenta.

Artículo 131. El Presidente de la República, mientras dura en este empleo, solo puede ser acusado y juzgado ante el Senado en los casos del **Artículo** 89.

Artículo 132. El Presidente no puede salir del territorio de la República durante su presidencia, ni un año después, sin permiso del Congreso.

Sección tercera. Del Consejo de Gobierno

Artículo 133. El Presidente de la República tendrá un Consejo de Gobierno, que será compuesto del Vicepresidente de la República, de un ministro de la Alta Corte de Justicia, nombrado por él mismo, y de los Secretarios del Despacho.

Artículo 134. El Presidente oirá el dictamen del Consejo en todos los caso de los **Artículos** 46, 119, 120, 121, 123, 124, 125, 126, 127, 128 y en los demás de gravedad que ocurran o que le parezca; pero no será obligado a seguirle en sus deliberaciones.

Artículo 135. El Consejo llevará un registro de todos sus dictámenes, y pasará cada año al Senado un testimonio exacto de él, exceptuando solamente los negocios reservados mientras haya necesidad de la reserva.

Sección cuarta. De los Secretarios del despacho

Artículo 136. Se establecen para el despacho de los negocios cinco Secretarios de Estado, a saber: de Relaciones Exteriores, del Interior, de Hacienda, de Marina y de Guerra. El poder Ejecutivo puede reunir temporalmente dos secretarias en una.

Artículo 137. El Congreso hará en el número de ellas variaciones que la experiencia muestre o las circunstancias exijan; y por un reglamento particular, que hará el Poder Ejecutivo, sometiéndolo a su aprobación, se asignarán a cada secretaría los negocios que deben pertenecerle.

Artículo 138. Cada Secretario es el órgano preciso e indispensable por donde el Poder Ejecutivo libra sus órdenes a las autoridades que le están subordinadas. Toda orden que no está autorizada por el respectivo secretario no debe ser ejecutada por ningún tribunal ni persona pública o privada.

Artículo 139. Es de la obligación de los Secretarios del Despacho dar a cada Cámara, con la anuencia del Poder Ejecutivo, cuantos informes se les pida por escrito o de palabra en sus respectivos ramos, reservando solamente lo que no convenga publicar.

Título VI. Del Poder Judicial

Sección primera. De las atribuciones de la alta corte de Justicia, elección y duración de sus miembros

Artículo 140. La Alta Corte de Justicia de Colombia se compondrá de cinco miembros, por lo menos.

Artículo 141. Para ser Ministro de la Alta Corte de Justicia se necesita:

1. Gozar de los derechos de elector;

2. Ser abogado no suspenso;

3. Tener la edad de treinta años cumplidos.

Artículo 142. Los ministros de la Alta Corte de Justicia serán propuestos por el Presidente de la República a la Cámara de Representantes en número triple. La Cámara reduce aquel número al doble, y lo presenta al Senado para que éste nombre los que deba componerla. El mismo orden se seguirá siempre que por muerte, destitución o renuncia sea necesario reemplazar toda la Alta Corte o alguno de sus miembros. Pero si el Congreso no estuviere reunido, el Poder Ejecutivo proveerá interinamente las plazas vacantes hasta que se haga la elección en la forma dicha. En esta vez serán nombrados por el actual Congreso.

Artículo 143. Corresponde a la Alta Corte de Justicia el conocimiento:

1. De los negocios contenciosos de embajadores, ministros, cónsules o agentes diplomáticos;

2. De las controversias que resultaren en los tratados y las negociaciones que haga el Poder Ejecutivo;

3. De las competencias suscitadas o que suscitaren en los Tribunales Superiores.

Artículo 144. La ley determinará el grado, forma y casos en que debe conocer de los negocios expresados y de cualesquiera otros civiles y criminales que se les asignen.

Artículo 145. Los Ministros de la Alta Corte durarán en sus empleos todo el tiempo de su buena conducta.

Artículo 146. En los periodos fijos determinados por la ley recibirán por este servicio los sueldos que se les asignaren.

Sección segunda. De las Cortes superiores de Justicia y de los juzgados inferiores

Artículo 147. Para la más pronta, y fácil administración de justicia, el Congreso establecerá en toda la República las cortes superiores que juzgue necesarias, o que las circunstancias permitan crear desde ahora, asignándoles el territorio a que se extienda su respectiva jurisdicción y los lugares de su residencia.

Artículo 148. Los Ministros de las cortes superiores serán nombrados por el Poder Ejecutivo, a propuesta de terna de la Alta Corte de Justicia.

Artículo 149. Los juzgados inferiores subsistirán por ahora en los términos que se prescribirán por ley particular, hasta tanto que en el Congreso varíe la administración de justicia.

Título VII. De la organización interior de la República

Sección primera. De la administración de los departamentos

Artículo 150. El Congreso dividirá el territorio de la República en seis o más Departamentos, para su más fácil y cómoda administración.

Artículo 151. El mando político de cada Departamento residirá en un Magistrado, con la denominación de Intendente, sujeto al Presidente de la República, de quien será agente natural e inmediato. La ley determinará sus facultades.

Artículo 152. Los intendentes serán nombrados por el Presidente de la República, conforme a lo que prescriben los **Artículos** 121 y 122. Su duración será de tres años.

Sección segunda. De la administración de las Provincias y cantones

Artículo 153. En cada Provincia habrá un Gobernador, que tendrá el régimen inmediato de ella con subordinación al Intendente del Departamento, y las facultades que detalle la ley. Durará y será nombrado en los mismos términos que los Intendentes.

Artículo 154. El Intendente del departamento es el Gobernador de la Provincia en cuya capital reside.

Artículo 155. Subsisten los Cabildos o las Municipalidades de los Cantones. El Congreso arreglará su número, sus límites y atribuciones y cuanto conduzca a su mejor administración.

Título VIII. Disposiciones generales

Artículo 156. Todos los colombianos tienen el derecho de escribir, imprimir y publicar libremente sus pensamientos y opiniones, sin necesidad de examen, revisión o censura alguna anterior a la publicación. Pero los que abusen de esta preciosa facultad sufrirán los castigos a que se hagan acreedores conforme a las leyes.

Artículo 157. La libertad que tienen los ciudadanos de reclamar sus derechos ante los depositarios de la autoridad pública, con la moderación y respeto debidos, en ningún tiempo será impedida ni limitada. Todos, por el contrario, deberán hallar un remedio pronto y seguro, con arreglo a las leyes, de las injurias y daños que sufrieren en sus personas, en sus propiedades, en su honor y estimación.

Artículo 158. Todo hombre debe presumirse inocente hasta que se le declare culpado con arreglo a la ley. Si antes de esta declaratoria se juzga necesario arrestarle o prenderle, no debe emplearse ningún rigor que no sea indispensable para asegurarse de su persona.

Artículo 159. En negocios criminales ningún colombiano puede ser preso sin que preceda información sumaria del hecho por el que merezca, según la ley ser castigado con pena corporal.

Artículo 160. Infraganti todo delincuente puede ser arrestado, y todos pueden arrestarle y conducirle a la presencia del Juez, para que se proceda inmediatamente a lo prevenido en el **Artículo** anterior.

Artículo 161. Para que un ciudadano pueda ser preso se necesita:

1. Una orden de arresto formada por la autoridad a quien la ley confiera este poder;

2. Que la orden exprese los motivos para prisión;

3. Que se le intime y dé una copia de ella.

Artículo 162. Ningún alcaide o carcelero puede admitir ni detener en la prisión a ninguna persona sino después de haber recibido la orden de prisión o arresto de que habla el **Artículo** anterior.

Artículo 163. El Alcaide o carcelero no podrá prohibir al preso la comunicación con persona alguna sino en el caso de que la orden de prisión contenga la cláusula de incomunicación. Ésta no puede durar más de tres días; y nunca usará de otros apremios o prisiones que los que expresamente le haya prevenido el Juez.

Artículo 164. Son culpables y están sujetos a las penas de detención arbitraria:

1. Los que sin poder legal arrestan, hacen o mandan arrestar a cualquier persona;

2. Los que con dicho poder abusan de él, arrestando, o mandando a arrestar, o continuando en arresto a cualquier persona, fuera de los caso determinados por la ley, o contra las formas que haya prescrito, o en lugares que no estén públicamente y legalmente conocidos por cárceles;

3. Los Alcaides o carceleros que contravengan a lo dispuesto en los **Artículos** 162 y 163.

Artículo 165. En cualquier tiempo en que parezcan desvanecidos los motivos que hubo para el arresto, detención o prisión, el arrestado será puesto en libertad. También obtendrá dando fianza, en cualquier estado de la causa en que se vea que no pudo imponérsele pena corporal. Al tiempo de tomar confesión al procesado que deberá ser a lo más dentro del tercero día, se le leerán íntegramente todos los documentos y las declaraciones de los testigos, con los nombres de éstos; y si por ellos no los conociere, se le darán todas las noticias posibles para que venga en conocimiento de quiénes son.

Artículo 166. Nadie podrá ser juzgado por comisiones especiales sino por tribunales a quienes corresponda el caso por las leyes.

Artículo 167. Nadie podrá ser juzgado, y mucho menos castigado, sino en virtud de una ley anterior a su delito o acción, y después de habérsele oído o citado legalmente; y ninguno será admitido ni obligado con juramento, ni con otro apremio, a dar testimonio contra sí mismo en causa criminal; ni tampoco lo serán recíprocamente entre sí los ascendientes y descendientes, y los parientes hasta el cuarto grado civil de consanguinidad y segundo de afinidad.

Artículo 168. Todo tratamiento que agrave la pena determinada por ley es un delito.

Artículo 169. Nunca podrá ser allanada la casa de ningún colombiano sino en los casos determinados por la ley, y bajo la responsabilidad del Juez que expida la orden.

Artículo 170. Los papeles particulares de los ciudadanos, lo mismo que sus correspondencias epistolares, son inviolables; y nunca podrá hacerse su registro, examen o intervención fuera de aquellos casos en que la ley expresamente lo prescriba.

Artículo 171. Todo Juez y Tribunal debe pronunciar sus sentencias con expresión de la ley o el fundamento aplicable al caso.

Artículo 172. En ningún juicio habrá más de tres instancias, y los jueces que hayan fallado en una, nunca podrán asistir a la vista del mismo pleito en otra.

Artículo 173. La infamia que afecta a algunos delitos nunca será trascendental a la familia o descendencia del delincuente.

Artículo 174. Ningún colombiano, excepto los que estuvieren empleados en la marina o en las milicias que se hallaren en actual servicio, deberá sujetarse a las leyes militares ni sufrir castigo provenidos de ellas.

Artículo 175. Una de las primeras atenciones del Congreso será introducir en cierto género el juicio por jurados, hasta que bien conocidas prácticamente las ventajas de esta institución, se extienda a todos los casos criminales y civiles a que comúnmente se aplica en otras naciones, con todas las formas propias de este procedimiento.

Artículo 176. Los militares en tiempo de paz no podrán acuartelarse ni tomar alojamiento en las casas de los demás ciudadanos, sin el consentimiento de sus dueños; ni en tiempo de guerra, sino por orden de magistrados civiles, conforme a las leyes.

Artículo 177. Ninguno podrá ser privado de la menor porción de su propiedad, ni ésta será aplicada a usos públicos, sin su propio consentimiento, o el del Cuerpo Legislativo; cuando alguna pública necesidad legalmente comprobada exigiere que la propiedad de algún ciudadano se aplique a usos semejantes, la condición de una justa compensación debe presuponerse.

Artículo 178. Ningún género de trabajo, de cultura, de industria o de comercio será prohibido a los colombianos, excepto aquellos que ahora son necesarios para la subsistencia de la República, que se libertarán por el Congreso cuando lo juzgue oportuno y conveniente.

Artículo 179. Se prohíbe la fundación de mayorazgos y toda clase de vinculaciones.

Artículo 180. No se extraerá del Tesoro común cantidad alguna de oro, plata, papel u otra forma equivalente, sino para objetos e inversiones ordenados por la ley; y anualmente se publicará un estado y una cuenta regular de entradas y los gastos de los fondos públicos para conocimientos de la nación.

Artículo 181. Quedan extinguidos todos los títulos de honor concedidos por el Gobierno español; y el Congreso no podrá conceder otro alguno de nobleza, honores o distinciones hereditarias, ni crear empleos u oficio alguno cuyos sueldos o emolumentos puedan durar más tiempo que el de la buena conducta de los que sirvan.

Artículo 182. Cualquiera persona que ejerza algún empleo de confianza u honor bajo la autoridad de Colombia, no podrá aceptar regalo, título o emolumento de algún Rey, Príncipe o Estado extranjero sin el consentimiento del Congreso.

Artículo 183. Todos los extranjeros de cualquiera nación serán admitidos en Colombia; ellos gozarán en sus personas y propiedades de la misma seguridad que los demás ciudadanos, siempre que respeten las leyes de la República.

Artículo 184. Los no nacidos en Colombia, que durante la guerra de Independencia han hecho o hicieron una o más campañas con honor, u otros servicios muy importantes en favor de la República, quedan igualados con los naturales del país en su aptitud para obtener todos los empleos en que no se exija ser ciudadano de Colombia por nacimiento, siempre que concurran en ellos las mismas cualidades.

Título IX. Del juramento de los empleados

Artículo 185. Ningún empleado de la República podrá ejercer sus funciones sin prestar el juramento de sostener y defender la Constitución, y de cumplir fiel y exactamente los deberes de su empleo.

Artículo 186. El Presidente y Vicepresidente de la República prestarán este juramento en presencia del Congreso, en manos del Presidente del Senado. Los Presidentes del Senado, de la Cámara de Representantes y de la Alta Corte de Justicia lo prestarán en presencia de sus respectivas corporaciones; y los individuos de éstas lo harán a su vez en manos de sus Presidentes.

Artículo 187. Los secretarios del Despacho, los ministros de las cortes superiores de justicia, los intendentes departamentales, los gobernadores de provincia, los generales del ejército y las demás autoridades principales juran ante el Presidente de la República, o ante la persona a quien él cometa esta función.

Título X. De la observancia de las Leyes antiguas, interpretación y reforma de esta Constitución

Artículo 188. Se declaran en su fuerza y vigor las leyes que hasta aquí han regido en todas las materias y puntos que directa o indirectamente no se opongan a esta Constitución ni a los decretos y las leyes que expidiere el Congreso.

Artículo 189. El Congreso podrá resolver cualquier duda que ocurra sobre la inteligencia de algunos artículos de esta Constitución.

Artículo 190. En cualquier tiempo en que las dos terceras partes de cada una de las dos Cámaras juzguen conveniente la reforma de algunos artículos de esta Constitución, podrá el Congreso proponerla para que de nuevo se tome en consideración, cuando se haya renovado, por lo menos, la mitad de los miembros de las Cámaras que propusieron la reforma; y si entonces fuere también ratificada por los dos tercios de cada una, procediéndose con las formalidades prescritas en la **Sección** 1 del Título IV, será válida y hará parte de la Constitución; pero nunca podrán alterarse las bases contenidas en la **Sección** 1 del Título I y en la 2 del Título II.

Artículo 191. Cuando ya libre toda o la mayor parte de aquel territorio de la República que hoy está bajo el poder español, pueda concurrir con sus representantes a perfeccionar el edificio de su felicidad, y después que una práctica de diez o más años haya descubierto todos los inconvenientes o ventajas de la presente Constitución, se convocará por el Congreso una gran Convención de Colombia autorizada para examinarla o reformarla en su totalidad.

Dada en el primer Congreso General de Colombia, y firmada por todos los diputados presentes en la Villa del Rosario de Cúcuta, a treinta de agosto del año del Señor de mil ochocientos veintiuno, undécimo de la Independencia.

El presidente del Congreso, Doctor Miguel Peña

El vicepresidente del Congreso, Rafael

Obispo de Mérida, de Maracaibo

Alejandro Osorio, Luis Ignacio Mendoza, Vicente Azuero, José Ignacio de Márquez, Diego Fernando Gómez, José Cornelio Valencia, Domingo B. y Briceño, Joaquín Borrero, Antonio María Briceño, Joaquín Hernández de Soto, José Antonio Borrero, Diego Bautista Urbaneja, Miguel de Zárraga, Manuel Benítez, José Antonio Yáñez, Andrés Rojas, Idelfonso Méndez, José F. Blanco, Pedro F. Carvajal, Miguel Domínguez, Dr. Ramón Ignacio Méndez, Bartolomé Osorio, Francisco de P. Orbegozo, Salvador Camacho, Juan Ronderos, J. Prudencio Lanz, Cerbelón Urbina, Mariano, Escobar, José Gabriel de Alcalá; José Antonio Paredes, José María Hinestrosa, J. Francisco Pereira, Sinforoso

Mutis, Juan Bautista Estévez, José Manuel Restrepo; Casimiro Calvo, Manuel María Quijano, Miguel de Tobar, José de Quintana y Navarro, José Ignacio Valbuena, Joaquín Plata, Miguel Ibáñez, Dr. Félix Restrepo, Francisco José Otero, Carlos Álvarez, Gabriel Briceño, Lorenzo Santander, Nicolás Ballén de Guzmán, Pedro Gual, Bernardino Tobar, Pacífico Jaime, Policarpo Uricochea, Vicente A. Borrero, José A. Mendoza, Francisco Gómez, Francisco Conde. El diputado secretario, Francisco Soto. El diputado secretario, Miguel Santamaría. El diputado secretario, Antonio José Caro.

Palacio de Gobierno de Colombia en el Rosario de Cúcuta, a 6 de octubre de 1821.

Cúmplase, publíquese y circúlese.

Dado, firmado de mi mano, sellado con el sello provisional de la República y refrendado por los ministros secretarios del Despacho.

Simón Bolívar

El Ministro de Marina y Guerra, Pedro Briceño Méndez

El Ministro de Hacienda y relaciones exteriores, Pedro Gual

El Ministro del Interior y de Justicia, Diego B. Urbaneja

El Congreso General a los habitantes de Colombia

Colombianos. El más ardiente deseo de todos y cada uno de vuestro representantes ha sido cumplir fielmente con los altos deberes que les habéis encargado, y creen haber llenado tan sagradas funciones al presentaros la Constitución que ha sido sancionada por el voto general. En ella encontraréis que sobre la base de unión de los pueblos que antes formaban diferentes Estados se ha levantado el edificio firme y sólido de una nación cuyo gobierno es popular representativo, y cuyos poderes, Legislativo, Ejecutivo y Judicial, exactamente divididos, tienen sus atribuciones marcadas y definidas, formando, sin embargo, un todo de tal suerte combinado y armonioso, que por él resultan protegidas vuestra seguridad, libertad, propiedad e igualdad ante la ley.

El Poder Legislativo, dividido en dos Cámaras, os da una intervención plena en la formación de vuestras leyes y el mejor derecho a esperar que sean siempre justas y equitativas; no seréis ligados sino por aquella a que hayáis consentido por medio de vuestros representantes, ni estaréis sujetos a otras contribuciones ...ninguna carga se echará sobre alguno que no sea común a todos, y éstas no serán para satisfacer pasiones de particulares, sino para suplir necesidades de la República.

El Poder Ejecutivo en una sola persona, a quien toca velar por la tranquilidad interior y la seguridad exterior de la República, tiene todas las facultades necesarias para el desempeño de su elevado encargo. Vosotros encontraréis que en todo el brillo de su autoridad puede llenaros de beneficios, pero no causaros perjuicio alguno; su espada está solo desenvainada contra los enemigos del Gobierno, sin posibilidad de ofender al pacífico colombiano; es como un Sol, cuyo calor benéfico, extendido por todo el territorio de la República, contribuye a desarrollar las preciosas semillas de nuestra felicidad y prosperidad: la educación pública, la agricultura, el comercio, las artes y ciencias, y todos los ramos de industria nacional, están dentro de su sabia administración y sujetos a su benigno influjo.

El Poder Judicial donde los asaltos de la intriga pierden toda su fuerza y el rico todo su ascendiente; a donde nadie puede llegar con rostro sereno si no va revestido con los simples adornos de la justicia, está destinado a dirimir imparcialmente vuestras contiendas, reprimir al malvado y favorecer la inocencia; en tan respetuoso lugar rinden todos homenaje a la ley; y allí veréis las pasiones desarmadas, cortadas las tramas del artificio y descubierta la verdad.

Tal ha sido el plano sobre que se ha levantado a la Constitución de Colombia. Vuestros representantes solo han puesto una confianza ilimitada en las leyes;

porque ellas son las que aseguran la equidad entre todos y cada uno; y son también el apoyo de la dignidad del colombiano, fuente de la libertad, el alma y el consejo de la República. Pero lo que vuestros representantes han tenido siempre a la vista, y lo que ha sido el objeto de sus más serias meditaciones, es que las mismas leyes fuesen enteramente conformes con las máximas y los dogmas de la Religión Católica Apostólica y Romana, que todos profesamos y nos gloriamos de profesar: ella ha sido la religión de nuestros padres, y es y será la Religión del Estado; sus ministros son los únicos que están en el libre ejercicio de sus funciones, y el Gobierno autoriza las contribuciones necesarias para el Culto Sagrado.

El Congreso General en sus deliberaciones no ha tenido otras miras que el bien común y el engrandecimiento de la nación. Los agentes principales del Gobierno dependen de vuestra elección: considerad, meditad bien que del acierto en ellas pende vuestra dicha; que la intriga o la facción jamás dirijan vuestro juicio; mientras las luces, la virtud y el valor, prudentemente escogidos y elevados por nosotros, sean las firmes columnas que perpetúen la duración del edificio.

Villa del Rosario de Cúcuta, treinta de agosto de mil ochocientos veintiuno, undécimo de la Independencia.

El presidente del Congreso, Doctor Miguel Peña. El vicepresidente del Congreso, Rafael, Obispo de Mérida, de Maracaibo. El diputado secretario, Francisco Soto. El diputado secretario, Miguel Santamaría. El diputado secretario, Antonio José Caro.

Libros a la carta

A la carta es un servicio especializado para
empresas,
librerías,
bibliotecas,
editoriales
y centros de enseñanza;
y permite confeccionar libros que, por su formato y concepción, sirven a los propósitos más específicos de estas instituciones.

Las empresas nos encargan ediciones personalizadas para marketing editorial o para regalos institucionales. Y los interesados solicitan, a título personal, ediciones antiguas, o no disponibles en el mercado; y las acompañan con notas y comentarios críticos.

Las ediciones tienen como apoyo un libro de estilo con todo tipo de referencias sobre los criterios de tratamiento tipográfico aplicados a nuestros libros que puede ser consultado en Linkgua-ediciones.com .

Linkgua edita por encargo diferentes versiones de una misma obra con distintos tratamientos ortotipográficos (actualizaciones de carácter divulgativo de un clásico, o versiones estrictamente fieles a la edición original de referencia).

Este servicio de ediciones a la carta le permitirá, si usted se dedica a la enseñanza, tener una forma de hacer pública su interpretación de un texto y, sobre una versión digitalizada «base», usted podrá introducir interpretaciones del texto fuente. Es un tópico que los profesores denuncien en clase los desmanes de una edición, o vayan comentando errores de interpretación de un texto y esta es una solución útil a esa necesidad del mundo académico.

Asimismo publicamos de manera sistemática, en un mismo catálogo, tesis doctorales y actas de congresos académicos, que son distribuidas a través de nuestra Web.

El servicio de «libros a la carta» funciona de dos formas.

1. Tenemos un fondo de libros digitalizados que usted puede personalizar en tiradas de al menos cinco ejemplares. Estas personalizaciones pueden ser de todo tipo: añadir notas de clase para uso de un grupo de estudiantes, introducir logos corporativos para uso con fines de marketing empresarial, etc. etc.

2. Buscamos libros descatalogados de otras editoriales y los reeditamos en tiradas cortas a petición de un cliente.

* 9 7 8 8 4 9 8 1 6 1 3 4 2 *